SPRACHEN WANDERN

GRAMMATIK, WORTSCHATZ, LANDESKUNDE

Karin Laviat

Dieses Übungsbuch ist ein neuer Weg zur Vertiefung der deutschen Grammatik und Landeskunde. Übungen, Kreuzworträtsel und Wortgitter machen das Lernen unterhaltsam. Das Buch enthält einen Lösungsschlüssel und ist somit ebenso zum Selbststudium geeignet.

INHALT

- Personalpronomen
- zusammengesetzte Nomen
- Plural
- Verben mit Präfix
- Verben mit Präpositionen
- Perfekt der unregelmäßigen Verben
- Infinitiv der unregelmäßigen Verben
- Konjunktionen
- Adjektive auf -los
- Adverbien mit Präpositionen
- nominalisierte Adjektive
- Adverbien
- Lokalpräpositionen
- Gegenteile (Verben, Adjektive)
- Präpositionen mit Genitiv
- modale Adverbien
- Verbzusatz oder Präfix
- Hauptstädte
- D – A – CH – FL
- Musik
- Inseln, Flüsse, Seen
- deutschsprachige Schriftsteller
- J. W. von Goethe
- dt. und österr. Maler
- Schulsystem
- Sprichwörter
- Geschichte
- Politik
- Berlin

VIERTES NIVEAU – AKTIV-BÜCHER

RÄTSEL KARIN LAVIAT
ZEICHNUNGEN ASIA NECITTO
EDITING MONIKA KOPETZKY

La Spiga languages

PERSONALPRONOMEN   GRAMMATIK

1. Finde das richtige Personalpronomen und schreib es in das Gitter!

waagrecht:
1. Wartet bitte einen Moment, dann gebe ich .... meine Adresse.
3. Wir mögen .... alle, weil sie immer so freundlich ist.
5. Ich versuche meinen Vater anzurufen, aber ich erreiche .... nicht.
7. Darf ich .... begleiten, Martina?
9. Gib .... den Brief. Er weiß schon Bescheid.
10. Gib .... bitte die Hose, dann bringe ich sie zur Reinigung.
11. Könnt ihr mir helfen? Ich möchte .... um Rat fragen.
12. Diese Problem ist zu kompliziert, wir können .... nicht lösen.
14. Wer bringt .... seine Brille?
15. Begleitest du .... .nach Hause? Ich fürchte mich vor der Dunkelheit.
16. Kommt ihr wirklich schon morgen? Ich freue mich auf ....!

senkrecht:
2. Wir fahren nach Rom. Möchtest du mit .... fahren?
4. Kommt bitte herein! Kann ich .... einen Kaffee machen?
5. Die Pflanzen sind vertrocknet, weil ich .... zu wenig Wasser gegeben habe.
6. Er ist mein Freund. Ich vertraue ....
8. Ich habe Susi mit einem Hund gesehen? Ist das .... Hund?

2

| PERSONALPRONOMEN | GRAMMATIK |

9 Er will mit seinen Freunden einen Ausflug planen, aber er weiß noch nicht, wann es .... passt.
10 Morgen fahre ich zu meinen Verwandten nach Paris. Sie haben .... eingeladen.
13 Meine Kinder sind schon groß. .... sind 20 und 25 Jahre alt.
14 Guten Abend, Frau Hauser. Wie geht es ....?

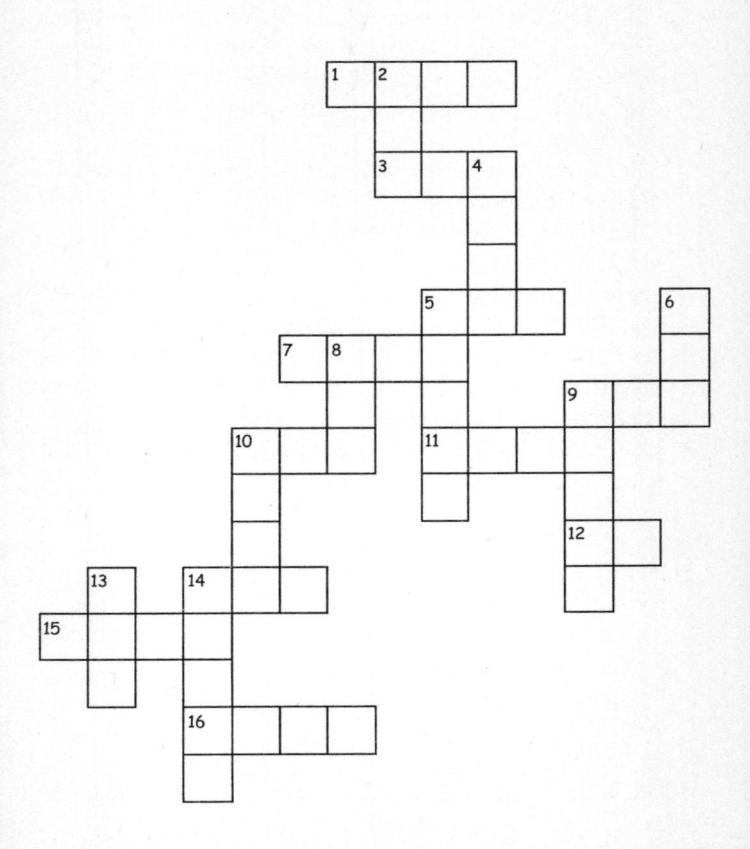

| ZUSAMMENGESETZTE NOMEN | GRAMMATIK |

2. Bilde zusammengesetzte Nomen und schreib den fehlenden Teil des jeweiligen Wortes in das Gitter!

Bank – Brille – Brot – Finger – Garten – Kuchen – Schere – Schiff – Schirm – Schuh – Tasche – Teller – Turm

senkrecht:
1. Ring..........................
2. Torten........................
3. Garten........................
4. Hand..........................
5. Wurst.........................
8. Regen.........................
9. Nagel.........................
10. Kirch..........................

waagrecht:
3. Sonnen.......................
6. Apfel...........................
7. Mantel........................
9. Segel..........................
11. Kinder........................

4

| DER PLURAL | GRAMMATIK |

3. Schreib den Plural der Nomen ins Rätsel! Ä = AE, Ö = OE, Ü = UE

senkrecht:
1 Kollege, 2 Tier, 3 Frage, 4 Termin, 5 Geschäft, 8 Pferd, 11 Aufgabe, 12 Neffe, 14 Lösung, 15 Kind, 17 Roman, 19 Büro

waagrecht:
1 Kuchen, 6 Mieter, 7 Wald, 8 Pilz, 9 Herz, 10 Freund, 13 Bleistift, 16 Ampel, 18 Brunnen, 19 Blume, 20 Reh, 21 Münze

| VERBEN MIT PRÄFIX | GRAMMATIK |

4. Wähle das passende Synonym der folgenden Verben und schreib es in das Gitter! Ä = AE, Ö = OE, ß = SS

achten – akzeptieren – ändern – anfassen – bauen – beenden – beginnen – begleiten – festbinden – fixieren – hinausragen – informieren – kaufen – konvertieren – mitkriegen – mitmachen – notieren – ordnen – organisieren – öffnen – säubern – schicken – schließen – überlegen – unterzeichnen

waagrecht:
- 1 unterschreiben
- 3 aufmachen
- 5 wechseln
- 6 anfangen
- 7 aufhören
- 10 respektieren
- 13 veranstalten
- 16 anschaffen
- 18 umwandeln
- 20 anschnallen
- 21 zumachen
- 22 absenden
- 23 aufräumen

senkrecht:
- 1 nachdenken
- 2 mitteilen
- 4 aufschreiben
- 8 mitbekommen
- 9 konstruieren
- 11 übertreffen
- 12 teilnehmen
- 14 annehmen
- 15 anrühren
- 17 festmachen
- 19 mitkommen

VERBEN MIT PRÄFIX — GRAMMATIK

VERBEN MIT PRÄPOSITIONEN — GRAMMATIK

5. Wie heißt das richtige Verb? Vervollständige das Gitter! Ö = OE, Ü = UE

achten auf – anfangen mit – sich anpassen an – aufhören mit – sich bemühen um – bitten um – denken an – sich entschuldigen bei – sich erkundigen nach – sich fürchten vor – gehören zu – glauben an – sich handeln um – hoffen auf – sich konzentrieren auf – lachen über – leiden an – nachdenken über – sich sehnen nach – staunen über – sich verlassen auf – warnen vor – warten auf – zweifeln an

senkrecht:
1 sich <u>auf</u> jemanden ....
2 <u>an</u> den Urlaub ....
4 <u>auf</u> den Bus ....
5 <u>auf</u> eine bessere Zukunft ....
9 <u>auf</u> das Aussehen ....
10 sich <u>auf</u> die Arbeit ....
11 sich <u>um</u> die alte Frau ....
14 sich <u>nach</u> dem Weg ....
16 <u>an</u> seinen Versprechungen ....
17 <u>zu</u> der Gruppe ....
18 <u>über</u> das Angebot ....
19 <u>an</u> einer schweren Krankheit ....
20 sich <u>an</u> das Klima ....

waagrecht:
3 <u>über</u> den Spaß ....
6 sich <u>um</u> den Brief vom 12.7.2002 ....
7 sich <u>vor</u> der Prüfung ....
8 <u>über</u> das Angebot ....
12 sich <u>bei</u> dem Freund ....
13 <u>vor</u> den Gefahren ....
15 <u>um</u> Hilfe ....
17 <u>an</u> die Versprechungen ....
21 <u>mit</u> dem Streit ....
22 sich <u>nach</u> Liebe ....
23 <u>mit</u> den Vorbereitungen ....

| VERBEN MIT PRÄPOSITIONEN | GRAMMATIK |

| PERFEKT DER UNREGELM. VERBEN | GRAMMATIK |

6. Im Gitter sind die Perfektformen der folgenden unregelmäßigen Verben versteckt. Such sie! Ü = UE, ß = SS

beginnen – bergen – betrügen – ~~biegen~~ – binden – empfehlen – essen – finden – fressen – fliegen – genesen – genießen – graben – heißen – kneifen – kriechen – leiden – liegen – meiden – melken – pfeifen – preisen – riechen – ringen – scheinen – schelten – scheren – schieben – schleichen – schließen – schmeißen – schweigen – streichen

Q	B	V	F	R	T	G	G	H	T	G	J	U	I	O	G	L	P	M	N	H	G	G
G	E	B	O	R	G	E	N	A	G	E	G	R	A	B	E	N	W	G	L	O	M	E
C	G	E	J	I	E	N	V	F	R	N	E	T	Y	W	P	Q	Z	E	H	W	O	F
P	O	T	B	U	F	E	I	B	V	O	H	C	X	W	F	U	I	S	P	K	N	L
B	N	R	Y	Q	U	S	U	I	O	S	E	V	Z	H	I	C	F	C	J	K	P	O
Y	N	O	U	I	N	E	V	B	R	S	I	X	W	A	F	R	G	H	O	G	M	G
B	E	G	O	J	D	N	B	G	T	E	S	Y	C	V	F	M	E	M	G	E	G	E
G	N	E	V	G	E	B	O	G	E	N	S	C	X	G	E	P	R	I	E	S	E	N
O	P	N	B	E	N	Q	V	E	M	M	E	B	H	I	N	V	O	S	R	C	S	K
H	U	B	G	G	K	O	M	B	P	C	N	W	A	S	Z	Q	C	S	U	H	C	H
L	M	G	N	E	G	Y	V	U	F	V	C	S	Q	W	G	Y	H	E	N	L	H	B
Z	O	E	P	S	E	L	J	N	O	J	D	Z	G	Q	E	V	E	N	G	O	O	G
C	X	S	W	S	K	Z	Q	D	H	G	A	I	E	B	S	O	N	B	E	S	B	E
Y	Q	C	N	E	N	O	P	E	L	E	V	G	S	X	C	W	Q	Y	N	S	E	K
K	Z	H	O	N	I	A	G	N	E	L	Q	E	C	A	H	K	L	Y	V	E	N	R
F	C	I	U	B	F	D	E	A	N	E	P	S	H	V	L	A	W	V	B	N	I	O
I	G	E	V	O	F	P	M	C	Z	G	D	C	O	A	I	O	V	X	W	O	L	C
L	A	N	T	G	E	L	I	T	T	E	N	H	L	G	C	A	I	A	O	K	W	H
O	P	E	X	Q	N	U	E	F	C	N	M	O	T	G	H	U	V	C	W	S	A	E
R	U	N	B	T	E	S	D	A	I	O	Q	R	E	G	E	F	R	E	S	S	E	N
H	F	V	D	Z	U	G	E	M	O	L	K	E	N	J	N	V	G	D	F	U	V	J
A	I	O	P	F	G	C	N	D	E	R	P	N	H	J	I	O	M	N	F	V	B	W
Q	U	I	G	E	S	C	H	W	I	E	G	E	N	Q	A	Z	Q	H	K	B	O	P
F	G	O	H	U	I	B	G	E	S	T	R	I	C	H	E	N	J	I	O	G	H	L

INFINITIV DER UNREGELM. VERBEN — GRAMMATIK

7. Im Gitter sind die Infinitive der folgenden Verben versteckt. Such sie!

Ä = AE, Ö = OE, ß = SS

bat – ~~biss~~ – blieb – blies – bog – brannte – brachte – erlosch – erschrak – fiel – fing – flog – gab – gelang – geschah – gewann – hatte – hing – hob – kannte – klang – lief – lud – maß – nannte – rannte – riet – schlief – schliff – soff – stank – verzieh – wog

B	L	A	S	E	N	F	T	Y	F	B	G	G	Y	B	G	L	S
E	J	K	U	B	F	J	A	W	L	Q	E	W	Y	Z	E	B	C
I	G	H	U	I	K	H	P	L	I	G	L	B	G	X	W	A	H
S	A	U	F	E	N	E	U	J	E	E	I	O	P	H	I	B	L
S	C	F	E	Z	Q	B	B	H	G	B	N	Y	H	B	N	V	A
E	B	L	E	I	B	E	N	A	E	E	G	R	T	Y	N	C	F
N	U	I	B	V	R	N	U	I	N	N	E	Q	W	A	E	F	E
G	U	I	V	F	E	S	Z	Q	W	J	N	R	E	N	N	E	N
E	R	B	R	I	N	G	E	N	Z	X	H	Y	F	D	A	F	A
S	O	P	D	F	N	E	R	A	Q	C	V	K	A	L	O	A	P
C	V	S	G	J	E	C	L	Y	U	V	C	W	L	A	I	N	J
H	G	C	T	B	N	U	O	I	V	W	A	M	L	F	E	G	A
E	A	H	A	Z	E	R	E	R	S	C	H	R	E	C	K	E	N
H	S	L	Q	T	Y	F	S	I	O	B	G	F	N	A	U	N	W
E	W	E	T	Y	O	L	C	H	P	N	B	H	J	U	F	X	S
N	Q	I	T	Y	L	T	H	A	B	E	N	D	V	T	B	V	T
T	A	F	K	N	A	Z	E	E	Q	N	T	B	E	V	X	S	I
Q	Z	E	E	F	U	R	N	N	U	N	V	Z	R	A	T	E	N
G	B	N	D	Z	F	Q	O	G	V	E	T	R	Z	D	A	K	K
G	U	N	K	I	E	F	M	E	J	N	U	E	E	R	G	E	E
N	M	K	L	I	N	G	E	N	O	N	I	B	I	T	T	E	N
K	A	C	A	L	A	U	S	D	I	A	U	D	H	E	A	S	U
L	O	V	D	O	U	I	S	Q	X	W	B	I	E	G	E	N	W
Q	R	S	E	T	W	I	E	G	E	N	O	P	N	B	N	J	H
C	K	E	N	N	E	N	N	R	U	N	E	R	Q	W	Y	L	Z

| KONJUNKTIONEN | GRAMMATIK |

8. Wie heißen die fehlenden Wörter?
Ä = AE, ß = SS

waagrecht:
1 Die Mutter musste eine Arbeit suchen, ... ihr Kind ernähren zu können.
2 Andrea machte einen Computerkurs, ... sie ihre Arbeitsstelle wechselte.
3 ... er mich morgen anruft, werde ich ihm alles erzählen.
5 Das Erdbeben war ... stark, dass viele Wohnhäuser einstürzten.
7 Er ist nicht gekommen, ... ich ihn extra eingeladen habe.
9 ... Manfred ein Kind war, fuhr er regelmäßig Ski.
10 Je länger das Kind weinte, ... ärgerlicher wurde die Mutter.
11 Er ist nicht so freundlich, ... ich angenommen hatte.
13 Die Eltern nahmen einen Kredit auf, ... sie ihrer Tochter ein Auto kaufen konnten.
15 Martin sah fern, ... seine Schwester ein Buch las.
16 Ich bin erleichtert, ... ich mich mit meiner Schwester ausgesprochen habe.
17 ... unsere Kinder im Schulalter sind, werden wir nach München übersiedeln.

senkrecht:
1 Je größer ein Unternehmen ist, ... mehr Angestellte hat es.
2 ... er sich eine Wohnung kaufen kann, muss er noch viel Geld sparen
4 ... es beginnt zu regnen, dann treffen wir uns im Café an der Ecke.
6 Er hat wieder neuen Lebensmut, ... er eine neue Arbeitsstelle gefunden hat.
7 ... sie viel gelernt hatte, bestand sie die Prüfung nicht.
8 ... in die Schule zu gehen, ging er bummeln.
12 ... die Kinder klein waren, war die Mutter nicht berufstätig.
14 Die Ärzte konnten das Kind retten, ... sie es sofort operierten.
16 Immer ... mein Vater auf Geschäftsreise war, brachte er Geschenke mit nach Hause.

KONJUNKTIONEN — GRAMMATIK

ADJEKTIVE AUF -LOS — GRAMMATIK

9. Wähle das passende Adjektiv und schreib es in das Gitter! Ü = UE

arbeitslos – einflusslos – endlos – fantasielos – farblos – fieberlos – fleckenlos – gedankenlos – gefahrlos – gefühllos – harmlos – heimatlos – hoffnungslos – kinderlos – kostenlos – lieblos – machtlos – nutzlos – orientierungslos – problemlos – sinnlos – wertlos – wortlos

senkrecht:
- 1 kein Vaterland haben
- 3 keine Erklärungen haben
- 6 ohne Emotionen
- 7 ohne Anstellung
- 9 ohne finanzielle Ausgaben
- 12 herzlos
- 15 ohne Fantasie
- 16 ohne Einfluss
- 17 ohne Schwierigkeiten
- 19 fortlaufend
- 20 keine Verwendung haben

waagrecht:
- 2 nichts Böses wollend, ungefährlich
- 4 normale Körpertemperatur, nicht krank
- 5 ohne Wert
- 8 ungefährlich
- 10 nicht überlegt
- 11 ohne erkennbaren Sinn
- 13 keine Farbe aufweisend
- 14 ohne Aussicht auf Besserung
- 18 ohne geistige Ausrichtung
- 21 ohne Verschmutzung
- 22 ohne Geltung, unterlegen sein
- 23 ohne Nachkommen

ADJEKTIVE AUF -LOS — GRAMMATIK

ADVERBIEN MIT PRÄPOSITIONEN — GRAMMATIK

10. Such das passende Adverb und schreib es in das Gitter!
Ä = AE, Ü = UE

senkrecht:
1. Unsere Gäste waren ... über die Einladung.
3. Der Junge ist bei seinen Kameraden ... .
4. Er ist sehr ... über seine finanzielle Lage.
6. Er weiß nicht, dass Rauchen sehr ... für seine Gesundheit ist.
7. Zu seinen Nachbarn ist er immer... .
9. Sie war nicht sehr ... über meine Pläne.
10. Der Sohn meiner Freundin ist ... auf seine Schwester.
11. Der Lehrer ist über den Unfall seines Schülers sehr ... .
12. Ich bin mit der Frau des Politikers ... .
14. Der neue Angestellte ist bei seinen Kollegen sehr ... .
15. Der Bauer ist mit der Ernte ... .
16. Mancher Bürger ist über die Bürokratie ... .
19. Dieses Mädchen ist ... an Talenten.
20. Es ist nicht immer einfach, ... von Vorurteilen zu sein.

waagrecht:
2. Sie wurde ... vor Neid.
5. Der Vagabund ist ziemlich ... in seiner Kleidung.
6. Er ist ... auf das Ergebnis seiner jahrelangen Forschungen.
8. Ich bin von der Richtigkeit meiner Entscheidung ... .
13. Meine Mutter ist ... von dem neuen Backrezept.
17. Die Eltern waren sehr ... an dem neuen Schulprojekt.
18. Ich bin ... über meine neue Arbeit.
20. Ich bin jetzt mit der Hausarbeit ... .
21. Sie ist mit der Frau ihres Arbeitskollegen ... .

ADVERBIEN MIT PRÄPOSITIONEN — GRAMMATIK

NOMINALISIERTE ADJEKTIVE — GRAMMATIK

11. Das Gitter enthält Nomen, die von den folgenden Adjektiven hergeleitet werden. Such sie!

Ä = AE, Ö = OE, ß = SS, Ü = UE

begabt – bequem – deutlich – dumm – dunkel – finster – gefährlich – geizig – gesund – groß – großzügig – ~~heiß~~ – heiter – hell – hilfsbereit – hungrig – krank – müde – nördlich – schwierig – sparsam – stark – ungenau – warm – weise – zuverlässig

H	I	L	F	S	B	E	R	E	I	T	S	C	H	A	F	T	B	A	T
E	H	U	G	D	E	U	T	L	I	C	H	K	E	I	T	I	H	U	N
L	H	G	T	X	G	R	O	E	S	S	E	O	E	D	T	E	X	W	O
L	P	L	I	E	A	E	S	A	Q	W	K	Z	L	M	O	K	J	W	Y
I	R	T	I	C	B	W	F	A	R	Z	T	P	W	A	E	R	M	E	B
G	V	Z	C	H	U	U	I	A	B	I	V	C	D	E	Z	E	Q	I	L
K	K	I	P	O	N	B	G	D	H	U	N	G	E	R	X	T	W	S	B
E	F	T	H	U	G	J	U	K	L	R	O	U	Y	T	C	I	W	H	E
I	G	H	I	O	B	H	L	P	B	V	R	X	A	S	B	E	R	E	Q
T	J	U	N	H	D	G	E	S	U	N	D	H	E	I	T	H	Q	I	U
T	I	E	H	M	M	U	D	F	T	Y	E	Y	F	N	J	U	I	T	E
I	H	Y	F	R	E	X	W	O	P	N	N	B	I	G	H	O	P	V	M
E	K	R	E	A	T	S	G	Y	U	B	G	O	N	V	C	W	A	Q	L
H	I	O	T	I	E	K	M	A	S	R	A	P	S	U	I	J	K	N	I
L	U	N	G	E	N	A	U	I	G	K	E	I	T	V	G	T	Y	X	C
E	O	M	U	E	D	I	G	K	E	I	T	Q	E	W	D	E	F	I	H
K	R	A	N	K	H	E	I	T	H	U	I	O	R	B	H	V	F	X	K
N	O	P	N	H	G	Y	V	F	E	Z	X	W	N	I	O	B	V	M	E
U	B	E	T	I	N	S	C	H	W	I	E	R	I	G	K	E	I	T	I
D	H	Y	C	Z	U	V	E	R	L	A	E	S	S	I	G	K	E	I	T
O	D	T	I	E	K	G	I	G	E	U	Z	S	S	O	R	G	D	Z	J

12. Finde die folgenden Adverbien im Gitter!   Ä = AE, Ü = UE

absichtlich – besonders – damals – draußen – drüben – endlich – früher – gegenwärtig – gerade – gewiss – herein – heutzutage – hinaus – hinunter – inzwischen – kaum – künftig – kürzlich – links – morgens – nachts – oben – oftmals – rechts – rückwärts – stets – umsonst – unbedingt – unten – übermorgen – vermutlich – vorwärts – ziemlich – zuletzt

R	U	E	C	K	W	A	E	R	T	S	U	I	U	O	B	H	G	G	K
E	G	T	R	Z	Q	W	S	F	G	A	W	O	D	R	U	E	B	E	N
H	E	U	T	Z	U	T	A	G	E	W	X	K	A	U	M	I	I	G	K
E	U	I	V	F	A	Q	L	D	R	A	U	S	S	E	N	B	N	E	H
U	H	I	N	U	N	T	E	R	A	J	U	V	C	B	X	W	Z	N	M
R	H	U	B	G	F	R	M	Z	D	U	I	V	F	E	A	Q	W	W	L
F	H	Y	U	B	V	T	O	B	E	N	V	F	E	R	Z	D	I	A	O
G	E	W	I	S	S	D	R	F	E	R	J	D	A	M	A	L	S	E	L
Q	Z	S	A	N	D	E	G	R	T	V	B	J	K	O	O	P	C	R	T
Y	G	H	O	F	R	W	E	A	Q	L	Y	U	Q	R	U	S	H	T	D
A	P	S	K	L	B	E	N	D	L	I	C	H	V	G	A	Q	E	I	W
C	M	H	J	U	O	B	S	C	F	N	Q	U	Y	E	W	X	N	G	I
U	N	B	E	D	I	N	G	T	J	K	S	N	Z	N	O	P	B	N	V
V	F	R	T	Y	C	D	A	S	E	S	E	I	O	N	B	C	V	W	O
O	P	H	G	Z	U	L	E	T	Z	T	T	Y	Z	E	B	S	H	C	R
H	O	I	J	I	F	T	K	U	N	B	S	G	A	Q	V	R	C	V	W
C	U	N	L	E	M	B	K	U	E	R	Z	L	I	C	H	E	I	Y	A
I	J	A	P	M	V	C	S	A	E	D	E	B	G	H	P	D	L	X	E
L	G	U	O	L	S	T	H	C	A	N	N	H	V	F	R	N	T	W	R
T	A	S	D	I	K	L	M	R	B	T	F	F	T	Y	I	O	H	B	T
U	B	R	E	C	H	T	S	A	D	O	F	T	M	A	L	S	C	D	S
M	G	H	U	H	E	R	E	I	N	J	I	N	I	B	V	E	I	S	E
R	T	Y	B	G	H	B	F	D	S	A	Z	C	F	G	J	B	S	I	B
E	N	I	O	M	N	F	K	V	C	X	W	Z	Q	N	O	N	B	K	M
V	Y	U	N	O	J	N	G	D	A	S	Z	Q	N	J	I	M	A	Y	D

LOKALPRÄPOSITIONEN — GRAMMATIK

13. Wähle die richtige Präposition und schreib sie in das Gitter! Ü = UE

senkrecht:
1. Die Nachrichten beginnen genau ... 20.00 Uhr.
2. Das Ausflugsschiff fuhr langsam den Fluss ... .
3. Er nahm die Videokassette ... dem Videorekorder heraus.
4. ... dem Bürogebäude hat die Stadt einen Park errichtet.
5. Das abgeschleppte Auto wird ... der Werkstatt gebracht.
6. Kommen sie bitte ... einer Woche wieder!
9. ... der Operation geht es dem Patienten viel besser.
12. Die Fahrt ... Wien verlief ohne Zwischenfälle.
13. ... nächster Woche gelten die neuen Richtlinien.
14. Die Katze versteckte sich ... dem Busch.
16. ... 13.00 Uhr bis 14.00 Uhr habe ich Mittagspause.
17. ... der Bank müssen Sie rechts fahren.
19. Martina hat sich das ganze Jahr ... nicht bei mir gemeldet.
21. Meine Tochter geht ... der Schule allein nach Hause.

waagrecht:
3. ... Abend bin ich immer erreichbar.
5. ... Weihnachten und Neujahr ist die Firma geschlossen.
7. Das Lebensmittelgeschäft befindet sich ... der Bäckerei.
8. ... diesem Berg befindet sich schon seit Jahren ein Restaurant.
10. ... zum Bahnhof ist es noch ziemlich weit.
11. Ich komme heute erst ... Mitternacht nach Hause.
14. Er legte seinen Mantel schnell ... den Wohnzimmersessel.
15. Die Bürogebäude befinden sich ... dem gelben Haus.
16. ... der Eingangstür parkte ein roter Sportwagen.
18. Er will uns ... den Sommerferien besuchen.
20. ... der Küche und dem Wohnzimmer ist ein Korridor.
21. Er hat gerade ... fünf Minuten angerufen.
22. Die Fotos vom letzten Sommer liegen ... der untersten Schublade.

LOKALPRÄPOSITIONEN — GRAMMATIK

GEGENTEILE – VERBEN — GRAMMATIK

14. Im Gitter ist das jeweilige Gegenteil der aufgelisteten Verben versteckt. Schreib es auf und such es!
Ü = UE, ß = SS

abraten – absagen – antworten – ausgeben – ausmachen – ausziehen – danken – ~~fasten~~ – faulenzen – finden – frieren – lachen – liegen – loben – säubern – schließen – sprechen – stehen – sterben – trennen – verabschieden – verbieten – zerstören – zunehmen

....
....
....
....

W	E	I	N	E	N	N	E	S	S	E	S	I	T	Z	E	N	S	A
Y	T	R	E	Z	E	Q	V	G	H	P	C	N	H	G	D	F	R	E
N	L	E	D	A	T	N	H	S	T	E	H	E	N	G	B	K	L	M
N	B	V	C	D	E	X	W	A	O	P	W	B	H	Y	E	F	R	P
S	A	A	N	T	A	U	F	B	A	U	E	N	N	E	G	A	R	F
O	B	S	M	O	N	I	A	K	A	U	I	R	S	U	R	A	B	E
A	N	Z	I	E	H	E	N	I	R	G	G	I	T	D	U	A	V	H
R	E	I	D	E	G	O	M	T	T	O	E	F	F	N	E	N	F	L
B	H	R	I	E	D	L	A	U	K	A	N	S	D	O	S	R	I	E
E	M	D	V	E	R	S	C	H	M	U	T	Z	E	N	S	A	Q	N
I	E	W	A	Q	U	L	H	Y	U	B	Z	J	U	I	E	K	J	N
T	N	W	S	P	A	R	E	N	B	S	U	C	H	E	N	B	H	U
E	R	L	A	U	B	E	N	H	U	N	S	O	P	M	N	H	G	S
N	U	E	I	O	P	J	K	L	B	G	A	C	S	A	W	X	O	L
M	H	B	I	T	T	E	N	I	O	N	G	V	C	X	W	Z	E	I
T	V	E	R	B	I	N	D	E	N	N	E	Z	T	I	W	H	C	S
I	O	N	V	F	T	E	R	Q	Z	X	N	W	A	Z	Q	K	I	L

22

| GEGENTEILE – ADJEKTIVE | GRAMMATIK |

15. Im Gitter ist das jeweilige Gegenteil der folgenden Adjektive versteckt. Schreib es auf und such es!
Ö = OE, Ü = UE, ß = SS

altmodisch – ängstlich – faul – hässlich – hell – langweilig – leise – sauber – sauer – schwach – spitz – teuer – traurig – unfreundlich – ungemütlich – ungezogen – uninteressant – unwichtig – wacklig

....
....
....

S	P	A	N	N	E	N	D	A	H	R	B	O	L
T	G	T	H	Y	N	R	E	D	O	M	U	I	B
U	H	Y	T	R	E	C	H	U	E	B	S	C	H
M	X	S	T	A	B	I	L	W	F	P	I	O	N
P	S	Z	L	Y	U	B	I	L	L	I	G	F	I
F	S	Z	A	Y	U	I	B	Y	I	V	I	C	N
F	F	D	U	E	Z	Q	W	A	C	K	T	L	T
K	R	A	T	S	H	Y	F	B	H	I	U	O	E
H	O	J	B	U	V	E	L	T	C	D	M	L	R
J	E	I	G	E	M	U	E	T	L	I	C	H	E
R	H	U	I	S	V	F	I	X	E	Q	S	A	S
D	L	U	T	S	I	J	S	O	K	N	C	B	S
P	I	H	J	V	C	A	S	W	N	V	H	K	A
L	C	G	I	T	H	C	I	W	U	N	M	B	N
I	H	P	B	V	C	W	G	J	D	K	U	I	T
B	R	A	V	H	Y	U	B	F	G	S	T	A	M
P	O	I	U	V	F	R	T	Y	N	B	Z	C	X
D	E	R	Q	Z	W	S	A	K	L	N	I	H	J
I	P	L	M	N	U	O	I	B	G	T	G	D	X

PRÄPOSITIONEN MIT GENITIV — GRAMMATIK

16. Wie heißt die richtige Präposition? Schreib sie in das Gitter!

Ä = AE, ß = SS

senkrecht:
1. ... einer Woche bekomme ich das Ergebnis der Prüfung.
2. ... dieses Bereichs werden zwei neue Wohnblöcke gebaut.
3. Unsere Reise nach Israel haben wir ... der angespannten politischen Situation verschoben.
4. ... der Seen sieht man schon die Bergkette.
6. Der Arbeiter wurde ... Einsparungen entlassen.
7. ... eines Straßenplans fand ich den richtigen Weg.
8. ... des Flusses soll bald eine Straße gebaut werden.
10. Dieser Kunde ruft uns immer ... der Arbeitszeit an.
11. Das Dorf liegt genau ... der Straße.
13. ... der Unruhe sprach der Politiker weiter.
17. Er bekam die Stelle ... seiner guten Zeugnisnoten.

waagrecht:
5. Ich fühle mich ... dieses Schmutzes nicht wohl.
7. ... des kranken Zahnes zog der Arzt den gesunden Zahn.
9. ... unseres 10. Hochzeitsjubiläums planen wir eine Reise nach Ägypten.
12. ... der heftigen Regenfälle konnte das Fußballspiel nicht stattfinden.
14. Wir fahren immer ... der Osterferien ans Meer.
15. ... der starken Schneefälle war das Dorf zwei Tage lang von der restliche Welt abgeschnitten.
16. Gestern hat es ... der 1000 Meter Grenze geschneit.
18. ... seines Freundes verzichtete er auf das Angebot.
19. Das Treffen musste ... ausreichendes Interesses abgesagt werden.

PRÄPOSITIONEN MIT GENITIV — GRAMMATIK

| MODALE ADVERBIEN | GRAMMATIK |

17. Wie heißen die fehlenden Adverbien? Setze sie in das Rätsel ein!
Ä = AE, Ü = UE

waagrecht:
2 Der Stand der Dinge war ihm schon lange...
3 Der Sportler ist müde und seinem Gegner weit...
5 Dieser Ausdruck ist mir nicht...
6 Er ist ihr das ganze Leben lang ... geblieben.
7 Der leidende Hund tut mir...
11 Das Stiegensteigen ist der alten Dame zu...
12 Die Bezahlung ist der Anstrengung...
16 Seine Reise nach Indien ist mir nicht...
17 Das Problem war mir bis gestern nicht...
18 Ihr Verhalten ist ihm...
19 Den häufigen Auseinandersetzungen bin ich nicht...

senkrecht:
1 Der Junge ist seinem Großvater sehr...
3 Die Schülerin ist ihren Schulkameradinnen an Intelligenz...
4 Dein dummes Verhalten war mir ziemlich...
6 Der Gehfehler ist meiner Tochter...
8 Der Busfahrer war der alten Frau beim Aussteigen...
10 Die Lebensweise in disem Land ist mir...
13 Meine neue Arbeitskollegin ist mir...
14 Ich bin meiner Nichte sehr...
15 Wir waren der Lösung sehr...

MODALE ADVERBIEN — GRAMMATIK

| VERBZUSATZ ODER PRÄFIX | | | GRAMMATIK |

18. Hier folgt eine Liste von Verben. Ordne sie richtig zu!

	Verbzusatz	Präfix	beides
abgeben	☐	☐	☐
abheben	☐	☐	☐
abholen	☐	☐	☐
abschicken	☐	☐	☐
absprechen	☐	☐	☐
abstauben	☐	☐	☐
abtrocknen	☐	☐	☐
anfangen	☐	☐	☐
anmelden	☐	☐	☐
aufhängen	☐	☐	☐
aufhören	☐	☐	☐
aufschreiben	☐	☐	☐
ausfüllen	☐	☐	☐
aussteigen	☐	☐	☐
beachten	☐	☐	☐
beenden	☐	☐	☐
beschließen	☐	☐	☐
bestehen	☐	☐	☐
besuchen	☐	☐	☐
bezahlen	☐	☐	☐
durchschauen	☐	☐	☐
einkaufen	☐	☐	☐
einladen	☐	☐	☐
einschlafen	☐	☐	☐
empfangen	☐	☐	☐
empfinden	☐	☐	☐
entwerfen	☐	☐	☐
erklären	☐	☐	☐
erobern	☐	☐	☐
erreichen	☐	☐	☐
erzählen	☐	☐	☐
gefallen	☐	☐	☐

VERBZUSATZ ODER PRÄFIX			GRAMMATIK
	Verbzusatz	Präfix	beides
gelingen	☐	☐	☐
missfallen	☐	☐	☐
mitbringen	☐	☐	☐
mitkommen	☐	☐	☐
mitteilen	☐	☐	☐
überlaufen	☐	☐	☐
überlegen	☐	☐	☐
übernehmen	☐	☐	☐
überraschen	☐	☐	☐
übertragen	☐	☐	☐
übertreten	☐	☐	☐
umstellen	☐	☐	☐
unterbrechen	☐	☐	☐
untergehen	☐	☐	☐
unterhalten	☐	☐	☐
unterkommen	☐	☐	☐
unterschlagen	☐	☐	☐
unterschreiben	☐	☐	☐
verbieten	☐	☐	☐
verderben	☐	☐	☐
verlieren	☐	☐	☐
versprechen	☐	☐	☐
verstehen	☐	☐	☐
vertrauen	☐	☐	☐
verursachen	☐	☐	☐
vorbereiten	☐	☐	☐
vorstellen	☐	☐	☐
weitergeben	☐	☐	☐
wiederholen	☐	☐	☐
zerbrechen	☐	☐	☐
zerstören	☐	☐	☐
zudrehen	☐	☐	☐
zumachen	☐	☐	☐
zusperren	☐	☐	☐
zuziehen	☐	☐	☐

| HAUPTSTÄDTE | LANDESKUNDE |

19. Kennst du die Hauptstädte der deutschen und österreichischen Bundesländer? Schreib sie richtig in das Kreuzworträtsel!   Ö = OE, Ü = UE

senkrecht:
 1 Rheinland-Pfalz
 2 Steiermark
 3 Bremen
 4 Saarland
 5 Kärnten
 9 Wien
10 Mecklenburg-Vorpommern
12 Oberösterreich
14 Baden-Württemberg
15 Nordrhein-Westfalen
18 Brandenburg
19 Niedersachsen

waagrecht:
 3 Berlin
 6 Sachsen –Anhalt
 7 Schleswig-Holstein
 8 Hamburg
 9 Hessen
11 Salzburg
13 Bayern
16 Tirol
17 Burgenland
20 Sachsen
21 Niederösterreich
22 Thüringen

HAUPTSTÄDTE — LANDESKUNDE

20. Beantworte folgende Fragen und trage die Antworten in das Rätsel ein!

Ö = OE, Ü = UE, ß = SS

senkrecht:
1. Es ist ein landschaftlich schönes Gebiet und liegt im Bundesland Baden-Württenberg.
3. Das Wahrzeichen der Stadt Berlin
4. Diese deutsche Stadt liegt an einem Hafen.
5. Die „Mozartstadt"
8. Der Berg ist der höchste Deutschlands.
9. In dieser Stadt findet das Oktoberfest statt.
12. In dieser Stadt steht das Volkswagenwerk (VW).
13. Hauptstadt der Schweiz
15. Die nördlichste der Hauptstädte Deutschlands.

waagrecht:
2. In diesem Wiener Schloss wohnte Kaiserin Maria Theresia.
3. Hauptstadt Deutschlands
6. Am 4. November 1989 protestierten hier rund eine Million Menschen gegen das DDR Regime.
7. Hauptstadt von Liechtenstein
10. Ein weltbekanntes Zentrum des alpinen Schisportes in Österreich
11. Deutsch spricht man in Deutschland, in der Schweiz, in Liechtenstein und in...
14. Der größte Fluss Deutschlands
15. Man baute über 600 Jahre am Dom dieser Stadt.
16. Der höchste Berg Österreich

D - A - CH - FL   LANDESKUNDE

MUSIK | LANDESKUNDE

21. Deutschland und Österreich sind Länder mit großer Musiktradition. Vervollständige das Rätsel!

Ö = OE, ß = SS

senkrecht:
1. Wie heißt die Musikepoche, in der Mozart, Haydn und Beethoven wirkten?
2. Wie heißt ein Vertreter der Wiener Klassik, der besonders in Eisenstadt wirkte?
3. Wo verbrachte Mozart den Großteil seiner Jugend?
4. Wie heißt eines der berühmtesten Werke Haydns?
7. Welcher berühmte Komponist der Wiener Klassik starb in Taubheit?
8. In welcher Stadt starb der 36-jährige Mozart in Armut?
10. Von wem stammt das Requiem?

waagrecht:
5. Wie heißt der Vorname des weltbekannten Komponisten Mozart?
6. Beim Wiener Neujahrskonzert werden jedes Jahr Werke einer Musikerfamilie gespielt. Wie heißt die Familie?
9. Wie heißt eine berühmte Oper, die von Mozart stammt?
11. Die Wiener Sängerknaben gehören zur Musiktradition Österreichs. Von welchem Kaiser wurden sie im Jahre 1498 gegründet?

MUSIK   LANDESKUNDE

MUSIK | LANDESKUNDE

22. Im Gitter sind die Nachnamen der aufgelisteten Komponisten und der untenstehenden Musikinstrumente versteckt. Such sie!

Ä = AE, Ö = OE

Johann Sebastian Bach – Felix Mendelssohn Bartholdy – Ludwig van Beethoven – Alban Berg – Johannes Brahms – Anton Bruckner – Georg Friedrich Händel – Gustav Mahler – Wolfgang Amadeus Mozart – Franz Schubert – Arnold Schönberg – Richard Strauss
Bassgeige – Flöte – Gitarre – Harfe – Klavier – Trommel – Trompete – Violine – Ziehharmonika

S	Q	Z	R	Y	U	H	G	R	E	B	N	E	O	H	C	S
A	T	R	O	M	M	E	L	H	Y	U	B	V	A	C	A	S
L	O	R	P	M	L	B	G	R	T	C	D	R	W	A	B	O
A	K	M	A	H	L	E	R	B	G	T	F	O	B	E	R	G
K	L	O	P	U	B	G	T	X	S	E	A	W	E	N	A	X
I	L	L	M	O	S	B	T	V	F	X	W	Z	E	J	H	L
N	P	A	N	H	V	S	C	H	U	B	E	R	T	V	M	B
O	D	E	V	W	U	I	J	B	N	O	M	P	H	V	S	B
M	I	O	P	I	B	Y	U	E	T	E	P	M	O	R	T	H
R	I	O	B	H	E	V	F	S	A	Q	Z	W	V	U	I	A
A	J	I	O	B	G	R	V	I	O	L	I	N	E	J	I	E
H	H	U	B	H	G	T	D	S	Z	A	Q	C	N	N	I	N
H	O	G	L	K	U	I	B	B	O	P	K	L	B	G	H	D
E	G	I	E	G	S	S	A	B	B	G	F	L	O	E	T	E
I	J	T	O	P	B	N	C	S	D	J	K	I	O	N	H	L
Z	L	A	B	A	R	T	H	O	L	D	Y	K	O	P	N	J
X	B	R	U	C	K	N	E	R	U	I	N	G	D	R	Z	Q
G	T	R	A	Z	O	M	I	O	P	N	B	V	C	X	W	O
E	R	E	T	Y	U	B	G	H	S	Z	A	J	U	I	B	H

INSELN, FLÜSSE, SEEN — LANDESKUNDE

23. Schreib die Namen der folgenden Inseln, Flüsse und Seen in das Kreuzworträtsel!

Ö = OE, Ü = UE

Amrum – Bodensee – Chiemsee – Donau – Elbe – Fehmarn – Föhr – Helgoland – Main – Müritz – Nordsee – Ostsee – Rhein – Rügen – Sylt – Usedom – Wattenmeer – Weser

DT.-SPRACHIGE SCHRIFTSTELLER — LANDESKUNDE

24. Welches Werk gehört zu welchem Schriftsteller? Vervollständige das Rätsel mit den Nachnamen!

Ö = OE, Ü = UE

Bertolt Brecht – Wilhelm Busch – Georg Büchner – Friedrich Dürrenmatt – Wolfram von Eschenbach – Theodor Fontane – Max Frisch – Johann Wolfgang Goethe – Jeremias Gotthelf – Günter Grass – Gebrüder Grimm – E.T.A. Hoffmann – Franz Kafka – Gottfried Keller – Gotthold Epphraim Lessing – Thomas Mann – Johann Nestroy – Friedrich Schiller – Adalbert Stifter – Theodor Storm – Stefan Zweig

senkrecht:
- 1 Der goldene Topf
- 2 Der Talismann
- 4 Dreigroschenoper
- 6 Parzifal
- 7 Max und Moritz
- 9 Die Blechtrommel
- 10 Romeo und Julia auf dem Lande
- 11 Die Buddenbrooks
- 15 Iphigenie auf Tauris
- 17 Bergkristall
- 18 Hänsel und Gretel

waagrecht:
- 3 Effi Briest
- 5 Der Besuch der alten Dame
- 8 Woyzeck
- 13 Der Prozess
- 14 Minna von Barnhelm
- 16 Andorra
- 18 Die schwarze Spinne
- 19 Sternstunden der Menschheit
- 12 Wilhelm Tell
- 20 Der Schimmelreiter

DT.-SPRACHIGE SCHRIFTSTELLER — LANDESKUNDE

JOHANN WOLFGANG VON GOETHE — LANDESKUNDE

25. Vervollständige das Rätsel!

Ö = OE

Antike – Direktor – Faust – Gretchen – Schiller – Italien – Jura – Minister – Nationaltheater – Naturwissenschaft – „Römischen Elegien" – Weimar – Werther

senkrecht:
1. Womit beschäftigte sich Goethe neben seiner schriftstellerischen Tätigkeit?
2. In welches Land reiste Goethe zwei Mal?
5. Wie heißt die Hauptfigur in Goethes Roman „Die Leiden des jungen..."?
7. Welche Funktion übte Goethe lange Zeit am Theater in Weimar aus?
9. Zusammen mit Goethe bildet er das Zentrum der klassischen deutschen Literatur.
10. In dieser Stadt entstanden seine großen Werke.
11. Was studierte Goethe zunächst an der Universität in Leipzig?

waagrecht:
3. Wie heißt das Theater in Weimar, vor dem das Goethe-Schiller Denkmal steht?
4. Was war Goethe in seiner Funktion als Staatsmann?
6. In Italien kam Goethe in Kontakt zur...
8. Die poetische Frucht seines Aufenthaltes in Italien sind die...
12. Mephistopheles und ... sind wichtige Figuren der Tragödie „Faust".
13. Wie heißt das Hauptwerk Goethes?

JOHANN WOLFGANG VON GOETHE — LANDESKUNDE

41

| DT. UND ÖSTERR. MALER | LANDESKUNDE |

26. Finde folgende Nachnamen der Maler, ihre Werke und die Stilrichtungen im Gitter! Ü = UE

Bauhaus – Beethovenfries – Der Blaue Reiter – Blumengarten – Die Brücke – Albrecht Dürer – Expressionismus – Isenheimer Altar – Jugendstil – ~~Wassily Kandinsky~~ – Gustav Klimt – Oskar Kokoschka – Emil Nolde – Sezession

S	Z	E	R	Z	Q	Y	B	Y	U	I	N	H	G	F	D
Y	K	S	N	I	D	N	A	K	I	O	B	B	T	Y	D
S	T	R	E	Z	Q	M	U	B	E	D	L	O	N	V	F
I	O	P	B	G	F	A	H	W	R	K	A	I	O	N	B
V	X	W	A	Z	E	Q	A	N	A	K	U	H	K	J	I
D	U	E	R	E	R	O	U	E	T	B	E	U	O	T	E
K	I	O	D	T	R	E	S	T	L	Q	R	T	K	N	K
F	B	O	P	B	G	S	X	R	A	W	E	I	O	J	C
P	E	M	Q	Z	W	E	U	A	R	U	I	I	S	B	E
V	E	B	U	H	Q	Z	N	G	E	I	T	B	C	G	U
O	T	M	I	L	K	E	H	N	M	V	E	G	H	M	R
N	H	F	G	D	T	S	I	E	I	V	R	F	K	A	B
D	O	W	E	Z	E	S	J	M	E	J	I	L	A	M	E
B	V	N	H	U	C	I	L	U	H	M	D	E	Z	Q	I
Q	E	A	W	X	I	O	G	L	N	H	J	B	G	T	D
O	N	J	K	L	B	N	S	B	E	Y	U	I	O	P	M
X	F	W	J	U	G	E	N	D	S	T	I	L	D	B	U
K	R	N	H	Y	D	E	T	B	I	H	J	I	O	P	M
D	I	U	I	B	G	T	S	E	D	T	Y	U	I	O	P
L	E	X	P	R	E	S	S	I	O	N	I	S	M	U	S
H	S	Y	U	V	F	T	R	Z	E	Q	Z	I	O	X	W

| SCHULSYSTEM | WORTSCHATZ |

27. Finde die Begriffe zum Thema Schule im Gitter!   Ä = AE, Ü = UE

ausreichend – befriedigend – Berufsschule – Fachschule – Fachhochschule – Gesamtschule – Grundschule – ~~gut~~ – Gymnasium – Hauptschule – Kindergarten – mangelhaft – Realschule – Schulsystem – sehr gut – ungenügend – Universität – Zeugnis

S	Z	E	Q	M	U	I	S	A	N	M	Y	G	H	U	O
U	N	I	V	E	R	S	I	T	A	E	T	B	R	O	N
A	S	G	H	U	Y	R	T	E	Z	C	B	X	E	E	W
B	E	R	U	F	S	S	C	H	U	L	E	N	A	L	H
D	H	U	Q	T	Y	U	I	B	H	D	F	O	L	U	N
L	R	M	O	P	N	H	G	D	F	R	R	S	S	H	W
X	G	T	Y	U	I	O	B	G	H	F	I	B	C	C	S
A	U	S	R	E	I	C	H	E	N	D	E	I	H	S	N
J	T	G	U	I	B	G	O	P	M	B	D	L	U	T	B
E	L	U	H	C	S	D	N	U	R	G	I	B	L	M	M
O	M	D	R	T	Z	Q	W	X	A	S	G	Z	E	A	E
F	A	C	H	S	C	H	U	L	E	J	E	K	O	S	T
J	N	L	P	M	B	H	G	T	R	U	N	G	H	E	S
O	G	B	G	T	R	E	Z	E	G	I	D	B	H	G	Y
K	E	B	H	U	N	G	E	N	U	E	G	E	N	D	S
A	L	I	O	B	G	H	I	I	O	P	N	B	V	C	L
C	H	A	U	P	T	S	C	H	U	L	E	N	H	Y	U
W	A	G	T	Y	Z	Q	X	S	A	V	J	H	G	O	H
M	F	A	C	H	H	O	C	H	S	C	H	U	L	E	C
S	T	H	Y	U	B	G	F	D	R	E	Z	Q	U	I	S
L	M	D	N	E	T	R	A	G	R	E	D	N	I	K	D

43

28. Bei den folgenden Sprichwörtern fehlt das Nomen. Finde das richtige Nomen und schreib es in das Rätsel!
Ä = AE, Ü = UE

Glocke, Tisch, Himmel, Loch, Bein, Licht, Tuch, Strang, Händen, Apfel, Dingen, Ei, Zweig, Türe, Geige, Blitz, Armen, Auge

waagrecht:
1. Da geht etwas nicht mit rechten ... zu.
4. Ich möchte die Nachricht nicht an die große ... hängen.
7. Meine Schwester sieht alles in einem rosigen...
9. Die Nachricht kam wie ein ... aus heiterem Himmel.
12. Sie ist bereits in festen...
13. Er kam mit einem blauen ... davon.
15. Er fühlt sich wie im siebten...
16. Wir müssen am gleichen ... ziehen.

senkrecht:
2. Sie will immer die erste ... spielen.
3. Er musste in den sauren ... beißen.
5. Nach der Krankheit pfeift er wirklich aus dem letzten...
6. Wir müssten endlich reinen ... machen.
8. Sie wirkt wie ein rotes ... auf mich.
9. Heute bin ich mit dem linken...aufgestanden.
10. Bei dieser Arbeit komme ich auf keinen grünen...
11. Bevor er andere kritisiert, muss er vor seiner eigenen ... kehren.
13. Wir haben ihn nach seiner Rückkehr mit offenen ... empfangen.
14. Er behandelt sie wie ein rohes...

| SPRICHWÖRTER | WORTSCHATZ |

GESCHICHTE — LANDESKUNDE

29. Vervollständige die Sätze mit folgenden Wörtern! Ä = AE

Absolutismus – Anschluss – Aufklärung – Barbaren – Barbarossa – Berlin – Elisabeth – Frankenreich – Friedrich – Habsburg – Karl – Landwirtschaft – Leipzig – Marshall – Mauer – Napoleon – Nationalsozialismus – Papsttum – Protestantismus – Reformation – Reichskanzler – Religionskrieg – Republiken – Rhein – Ritter – Rom – Siegermächten – Theresia – Ungarn – Versailles

1. Die Germanen wurden auch .... genannt.
2. Die Germanen lebten von der ....
3. Karl der Große ließ sich in .... 800 n. Chr. zum Kaiser krönen.
4. Ein deutscher Herrscher des 18. Jahrhunderts war .... II von Preußen.
5. Hitler wurde 1933 ....
6. Der Terror des .... dauerte 12 Jahre.
7. Ab dem 15. Jahrhundert blieb die deutsche Krone beim österreichischen Haus ....
8. Der 30-jährige Krieg (1618-1648) war zunächst ein ....
9. Eine bekannte österreichische Herrscherin war Maria ....
10. 1918 zerfiel die Doppelmonarchie Österreich-.................... .
11. Das Ziel Martin Luthers war die .... des katholischen Glaubens.
12. Die Zeit von 1650 bis 1750 nannte man ....
13. Österreich und Deutschland wurde 1918 demokratische ....

| GESCHICHTE | LANDESKUNDE |

14. Deutschland und Österreich wurden 1945 von den .... in vier Zonen geteilt.
15. Anfang des 19. Jahrhundert wurde Deutschland von .... besiegt.
16. Unter dem Druck der Massen fiel 1989 die Berliner ....
17. Karl der Große christianisierte die Germanen und gliederte sie in das .... ein.
18. Der österreichische Kaiser Franz Josef I. war mit der bayrischen Prinzessin .... verheiratet.
19. Der .... Plan sollte die sowjetische Expansion hemmen.
20. Der .... war lange Zeit die Grenze zwischen dem Römischen Reich und den Germanen.
21. Mit der Staatengründung der BRD und der DDR 1948 wurde .... geteilt.
22. Im 12. Jahrhundert kam der Streit zwischen Kaiser- und .... zum Höhepunkt.
23. Der beliebte Staufer-Kaiser Friedrich .... starb auf einem Kreuzzug.
24. Mit Hilfe von Österreich, Russland und England wurde Napoleon 1813 in der Schlacht bei .... besiegt.
25. Mit Martin Luther trat der Großteil Deutschlands dem .... bei.
26. Mit der Epoche der .... begann der Weg zum modernen Staat.
27. Im Jahre 1871 wurde im Schloss .... das deutsche Kaiserreich proklamiert.
28. Der Habsburger, Kaiser .... V., hatte ein Reich, „in dem die Sonne nie untergeht".
29. Hitlers Einmarsch in Österreich bezeichnet man als ....
30. Kaiser Maximilian I. wird als der letzte .... bezeichnet.

POLITIK LANDESKUNDE

30. Vervollständige das Kreuzworträtsel mit den folgenden Begriffen zum Thema Politik! Ä = AE, Ü = UE

Brandt – Bundeskanzler – Bundesregierung – Bundesstaat – Bundestag – Bürgerinitiativen – Bürgermeister – DDR – Exekutive – Grundgesetz – Honecker – Kapitalismus – Kohl – Parlament – Rechtsradikalismus

senkrecht:
1. Wodurch versuchen die Bürger Entscheidungen der Politiker zu beeinflussen?
2. Wer ist der Chef der Bundesregierung und wählt als solcher die Minister?
4. Wie heißt der Staats- und Parteichef, der unter dem Druck der Massendemonstrationen von seinem Amt zurücktrat?
5. Eine Partei muss mindestens 5% der Stimmen bekommen, um dorthin zu kommen.
6. Was ist die Grundlage der deutschen Demokratie?
8. Wer beschließt mit dem Bundesrat die Gesetze?
9. Die Berliner Mauer trennte 28 Jahre lang ... und Sozialismus.
10. Mit welchem westdeutschen Bundeskanzler begann 1969 die neue Ostpolitik, für den er den Friedensnobelpreis bekam?

waagrecht:
1. Die Minister und der Bundeskanzler bilden zusammen die..
3. Wie heißt die radikale politische Bewegung, die in den vergangenen Jahren viele Opfer forderte?
7. Man nannte ihn den „Macher der Einheit".
10. Die Bundesrepublik Deutschland ist ein demokratischer...
11. Am 3.10.1990 traten die Länder der ehemaligen ... der Bundesrepublik Deutschland bei.
12. Die Bundesregierung ist oberstes Organ der...
13. Wer ist der erste Repräsentant einer Stadt?

POLITIK LANDESKUNDE

| BERLIN | LANDESKUNDE |

31. Kennst du die Sehenswürdigkeiten von Berlin? Ä = AE, Ü = UE

Alexanderplatz – Bellevue – Brandenburger Tor –
Charlottenburg – Dom – Kurfürstendamm –
Marx-Engels-Brücke – Nikolaikirche – Olympiastadion –
Philharmonie – Siegessäule – Spree – Spreebogen –
Unter den Linden – Zeughaus

senkrecht:
1 Berlins bekannte preußische Straße
2 Sie verherrlichte die Siege unter preußischer Führung am Ende des 19. Jahrhunderts.
4 Es wurde anlässlich der Olympischen Sommerspiele 1936 erbaut.
5 Das ist die bekannteste Vergnügungs-und Einkaufsstraße Berlins.
6 Auf diesem Platz steht der 365 m hohe Fernsehturm.
11 Der Fluss fließt durch die Stadt Berlin.

waagrecht:
3 Das älteste kirchliche Bauwerk aus dem 13. Jahrhundert.
7 Heute ist das Schloss der Sitz des Bundespräsidenten.
8 Es war früher das Kriegsarsenal und ist heute das Museum für deutsche Geschichte.
9 Das Wahrzeichen Berlins
10 Kaiser Wilhelm II. ließ ihn 1893-1905 im Stil der italienischen Hochrenaissance errichten.
12 Das neue Regierungsviertel
13 Das Schloss wurde in der Barockzeit erbaut.
14 Eine mit überlebensgroßen Marmorfiguren verzierte Brücke.
15 Das Stammhaus der Berliner Philharmoniker, auch „Zirkus Karajan" genannt.

BERLIN   LANDESKUNDE

LÖSUNGEN

Übung 1

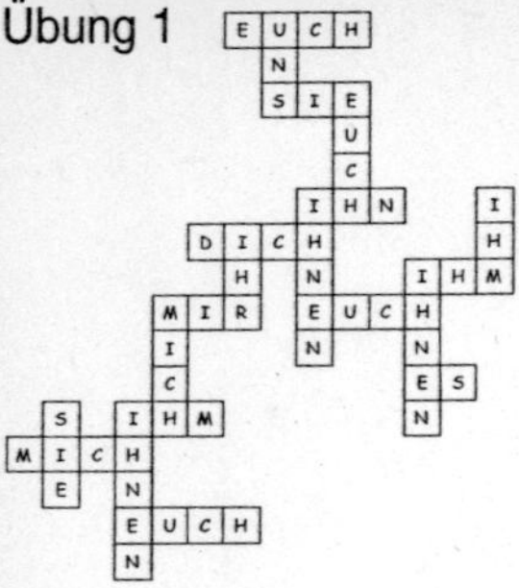
EUCH
UNS
SIE
EUCH
IHN
DICH
IHR
IHNEN
IHM
MIR
EUCH
IHNEN
ES
MICH
IHM
SIE
MICH
IHNEN
EUCH

Übung 2

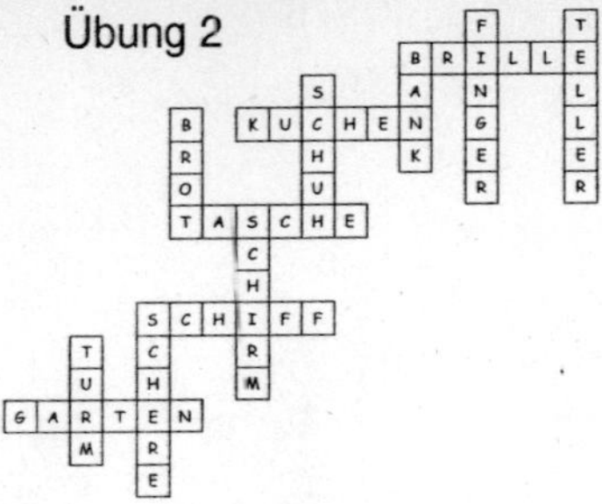
BRILLE
FINGER
TELLER
BANK
KUCHEN
SCHUH
BROT
TASCHE
SCHIRM
SCHIFF
TURM
SCHERE
GARTEN

Übung 3

KUCHEN
TIERE
FRAGEN
KOLLEGEN
TERMINE
MIETER
WAELDER
GESCHAEFTE
PILZE
PFERDE
HERZEN
FREUNDE
AUFGABEN
NEFFE
BLEISTIFTE
LOESUNGEN
AMPELN
KINDER
BRUNNEN
ROMANE
BLUMEN
REHE
BUEROS
MUENZEN

Übung 4

UNTERZEICHNEN
UEBERLEGEN
INFORMIEREN
OEFFNEN
NOTIEREN
AENDERN
BEGINNEN
BEENDEN
MITKRIEGEN
ACHTEN
BAUEN
HINAUSGEHEN
MITMACHEN
ORGANISIEREN
AKZEPTIEREN
KAUFEN
ANFASSEN
FIXIEREN
KONVERTIEREN
BEGLEITEN
FESTBINDEN
SCHLIESSEN
SCHICKEN
ORDNEN

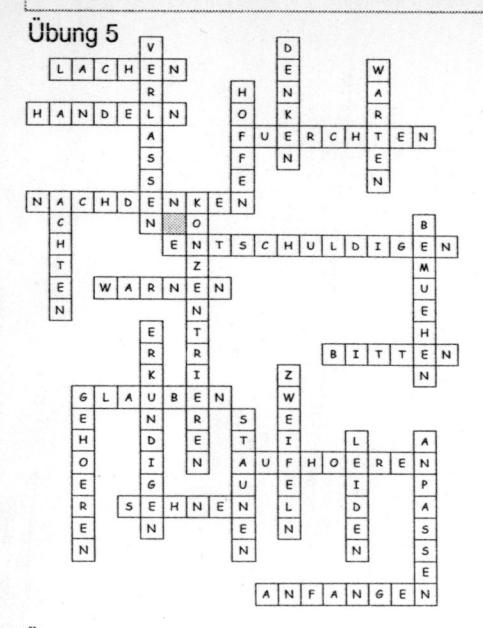

LÖSUNGEN

Übung 5

(Kreuzworträtsel mit folgenden Lösungswörtern:)

- LACHEN
- HANDELN
- FUERCHTEN
- NACHDENKEN
- ENTSCHULDIGEN
- WARNEN
- BITTEN
- GLAUBEN
- AUFHOEREN
- SEHNEN
- ANFANGEN

Senkrechte Wörter: VERLASSEN, HOFFEN, DENKEN, WARTEN, HASSEN, KONFNEN (KOENNEN), NACHTEN (NACHDENKEN), ENTZNTRIEREN, ERKRKDIGEN, GEHOEREN, ZWEIFELN, LEIDEN, ANPASSEN, BEMUEHEN

Übung 6

(Kreuzworträtsel mit folgenden Lösungswörtern:)

- GEBORGEN
- GEGRABEN
- GEBOGEN
- GEPRIESEN
- GELITTEN
- GEMOLKEN
- GESCHWIEGEN
- GESTRICHEN
- GEFRESSEN

LÖSUNGEN

Übung 7

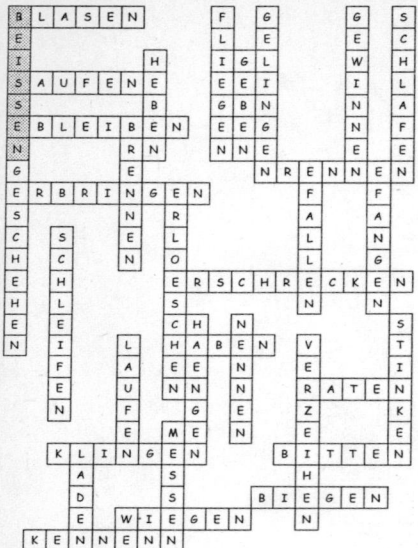

Übung 8

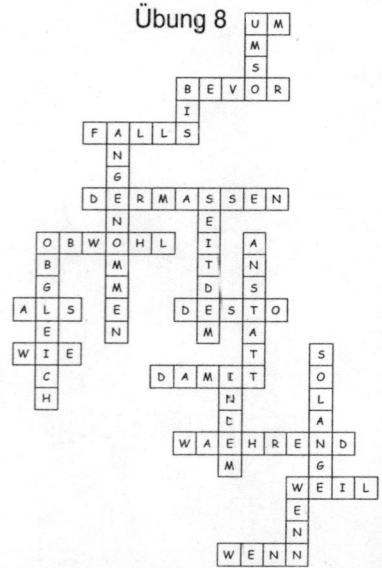

Übung 9

HEIMATLOS
HARMLOS
WORTLOS
FIEBERLOS
WERTLOS
GEFUEHLLOS
ARBEITSLOS
GEFAHRLOS
KOSTENLOS
GEDANKENLOS
SINNLOS
FARBLOS
LIEBLOS
HOFFNUNGSLOS
FANTASIELOS
PROBLEMLOS
ORIENTIERUNGSLOS
ENDLOS
NUTZLOS
EINFLUSSLOS
FLECKENLOS
MACHTLOS
KINDERLOS

Übung 10

GLUECKLICH
BLASS
BELIEBT
BEKUEMMERT
NACHLAESSIG
STOLZ
SCHAEDLICH
FREUNDLICH
UEBERZEUGT
ERFREUT
EIFERSUECHTIG
BETROFFEN
VERWANDT
BEGEISTERT
ANGESEHEN
VERBITTERT
ZUFRIEDEN
INTERESSIERT
FROH
REICH
FERTIG
FREI
BEKANNT

LÖSUNGEN

Übung 11

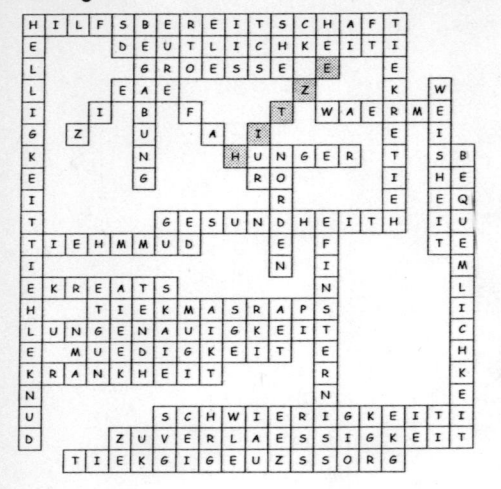

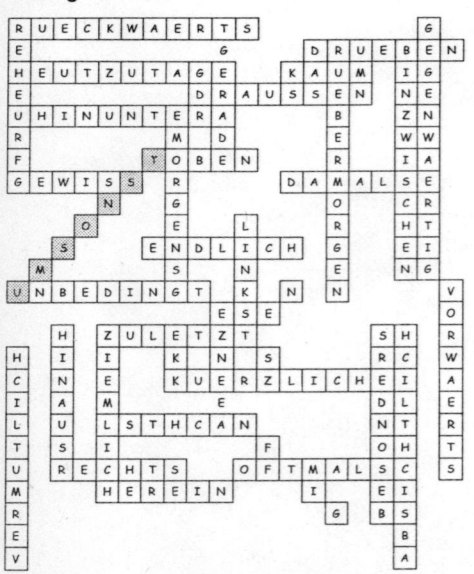

(Kreuzworträtsel-Lösung)

Übung 12

(Kreuzworträtsel-Lösung)

LÖSUNGEN

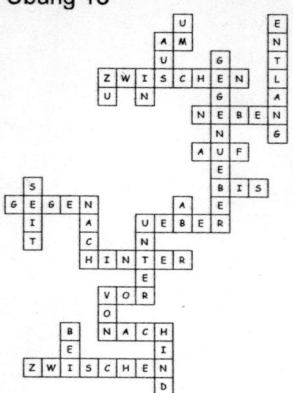

Übung 13

Übung 14

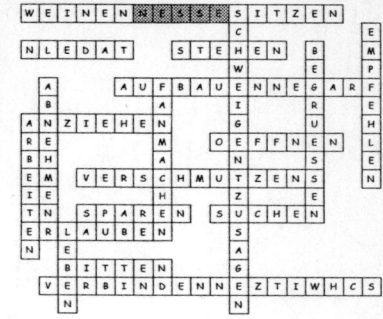

Übung 15

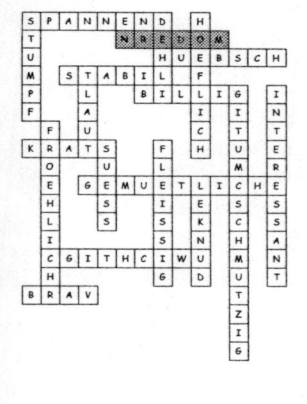

Übung 16

LÖSUNGEN

Übung 17

(Kreuzworträtsel mit folgenden Lösungswörtern: BEKANNT, UNTERLEGEN, GELAEUFIG, LEID, TREU, BESCHWERLICH, ANGEMESSEN, RECHT, BEWUSST, ZUWIDER, GEWACHSEN)

Übung 18

Verben mit Verbzusatz:
abgeben, abheben, abholen, abschicken, absprechen, abstauben, abtrocknen, anfangen, anmelden, aufhängen, aufhören, aufschreiben, ausfüllen, aussteigen, einkaufen, einladen, einschlafen, mitbringen, mitkommen, mitteilen, untergehen, unterkommen, vorbereiten, vorstellen, weitergeben, zudrehen, zumachen, zusperren, zuziehen

Verben mit Präfix:
beachten, beenden, beschließen, bestehen, besuchen, bezahlen, empfangen, empfinden, entwerfen, erklären, erobern, erreichen, erzählen, gefallen, gelingen, missfallen, überraschen, übertragen, unterbrechen, unterschreiben, verbieten, verderben, verlieren, versprechen, verstehen, vertrauen, verursachen, zerbrechen, zerstören

Verben, die zu beiden Gruppen gehören:
durchschauen, überlaufen, überlegen, übernehmen, übertreten, umstellen, unterhalten, unterschlagen, wiederholen

Übung 19

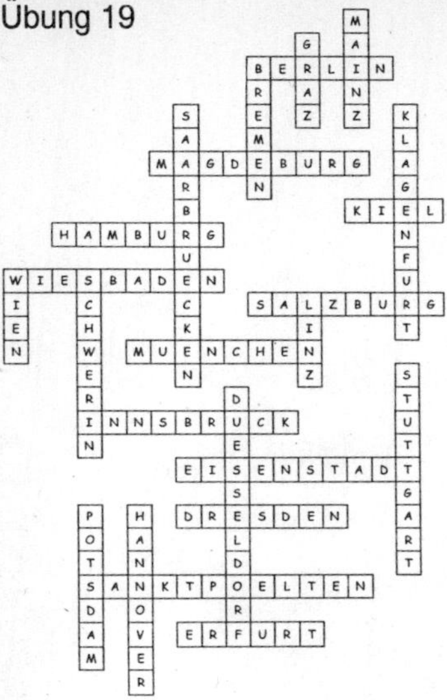
MAINZ
GRAZ
BERLIN
BREMEN
SAARBRUECKEN
KLAGENFURT
MAGDEBURG
KIEL
HAMBURG
WIESBADEN
WIEN
SCHWERIN
SALZBURG
LINZ
MUENCHEN
STUTTGART
DUESSELDORF
INNSBRUCK
EISENSTADT
DRESDEN
POTSDAM
HANNOVER
SANKTPOELTEN
ERFURT

Übung 20

SCHOENBRUNN
SCHWARZWALD
BERLIN
HAMBURG
ALEXANDERPLATZ
SALZBURG
BRANDENBURGERTOR
VADUZ
ZUGSPITZE
ARLBERG
MUENCHEN
OESTERREICH
WOLFSBURG
BERN
RHEIN
KOELN
KIEL
GROSSGLOCKNER

Übung 21

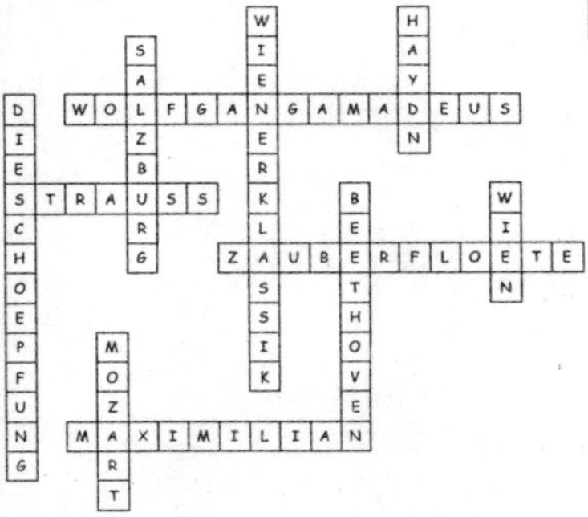
WIENERKLASSIK
HAYDN
SALZBURG
DIESCHOEPFUNG
WOLFGANGAMADEUS
STRAUSS
BEETHOVEN
WIEN
ZAUBERFLOETE
MOZART
MAXIMILIAN

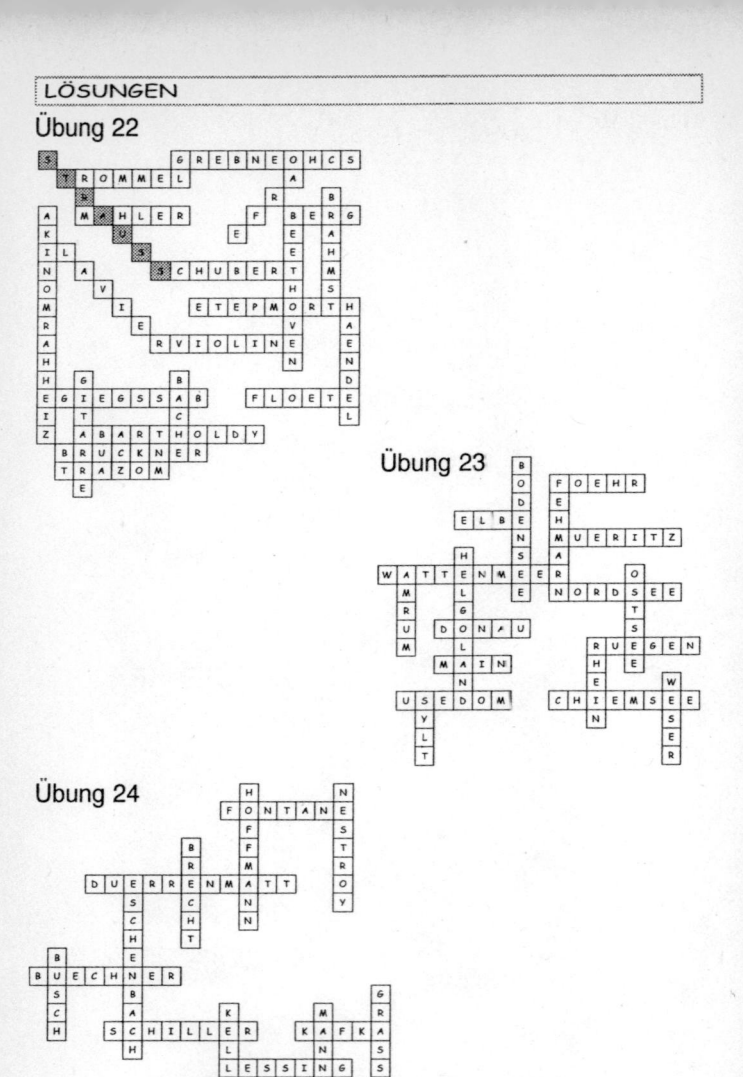

LÖSUNGEN

Übung 22

Übung 23

Übung 24

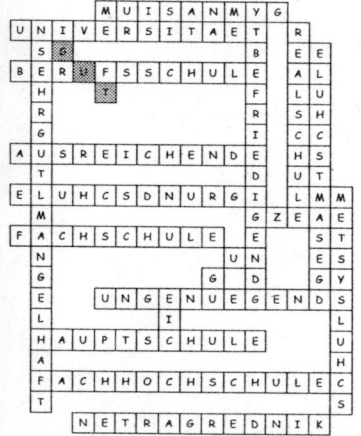

LÖSUNGEN

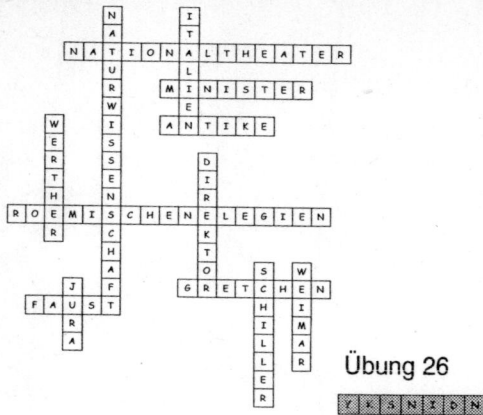

Übung 25

Übung 26

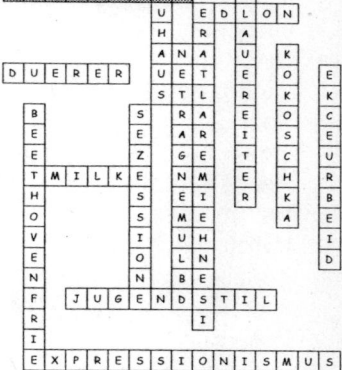

Übung 27

LÖSUNGEN

Übung 28

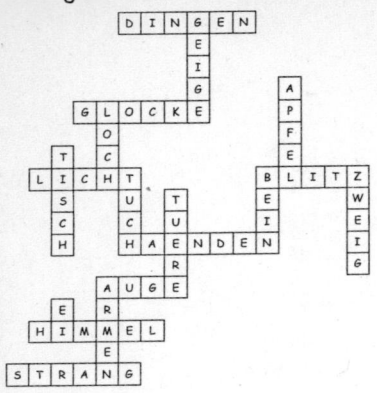

```
      D I N G E N
      E
      I
      G
  G L O C K E       A
      O             P
  T   C             F
L I C H T           E
  S   U   T     B L I T Z
  C   C   U     E       W
  H   H A E N D E N     E
          R     I       I
      A U G E           G
    E R
  H I M M E L
      E
S T R A N G
```

Übung 29
1. Barbaren
2. Landwirtschaft
3. Rom
4. Friedrich
5. Reichskanzler
6. Nationalsozialismus
7. Habsburg
8. Religionskrieg
9. Theresia
10. Ungarn
11. Reformation
12. Absolutismus
13. Republiken
14. Siegermächten
15. Napoleon
16. Mauer
17. Frankenreich
18. Elisabeth
19. Marshall-
20. Rhein
21. Berlin
22. Papsttum
23. Barbarossa
24. Leipzig
25. Protestantismus
26. Aufklärung
27. Versailles
28. Karl
29. Anschluss
30. Ritter

LÖSUNGEN

Übung 30

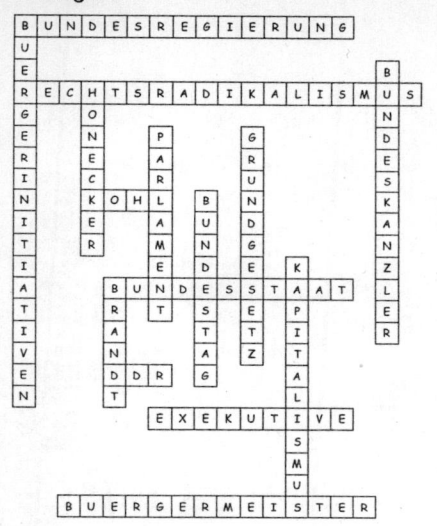

Waagerecht: BUNDESREGIERUNG, RECHTSRADIKALISMUS, KOHL, BUNDESSTAAT, DDR, EXEKUTIVE, BUERGERMEISTER

Senkrecht: BUERGERINITIATIVEN, OENECKER, PARLAMENT, GRUNDGESETZ, BUNDESKANZLER, BRANDT, KAPITALISMUS

Übung 31

Waagerecht: NIKOLAIKIRCHE, BELLEVUE, ZEUGHAUS, DOM, SPREEBOGEN, CHARLOTTENBURG, MARXENGELSBRUECKE, PHILHARMONIE

Senkrecht: UNTERDENLINDEN, SIEGESSAEULE, OLYMPIASTADION, ALEXANDERPLATZ, KURFUERSTENDAMM, BRANDENBURGERTOR, SPREE

• START LEKTÜREN • IN FARBE 🎧 •

Gaber	ZAZAR
Heizer	ROBIN HOOD
Laviat	NESSY DAS MONSTER
Plank	EINE GEISTERGESCHICHTE
Prantl	DRACULA
Schneider	PETER DER BRONTOSAURIER

• ERSTE LEKTÜREN •

Beaumont	DIE SCHÖNE UND DAS BIEST
Beier	DIE KÖNIGIN MORGANA
Beltat	DIE ZWERGE IM WALD
Beltat	DER KOMMISSAR
Beltat	HERKULES
Dumas	DIE DREI MUSKETIERE
Grimm	HÄNSEL UND GRETEL
Grimm	ASCHENPUTTEL
Laviat	SPIEL MIT DEUTSCHEN Wörtern
	GRAMMATIK, WORTSCHATZ und LANDESKUNDE
Müller	BARBAROSSA
Müller	DER WEIHNACHTSMANN
Schiller	WILHELM TELL
Schmid	DER GEIST MURFI
Schmidt	GRUSELS HAUS
Schön	DER UNFALL
Schön	FINDE DAS GOLD!
Spyri	HEIDI
Stoker	DRACULA
Wagner	DIE MASKE
Wallace	BEN HUR
Wallace	KING KONG
Wieser	DER PIRAT SCHWARZBART

• SEHR EINFACHE LEKTÜREN •

Ambler	TOPKAPI
Belan	DAS VERHEXTE HAUS
Bell	DER VAMPIR
Bell	HALLOWEEN
Dai	MEUTEREI AUF DER BOUNTY
I. Doyle	DIE MUMIE
A. Doyle	SHERLOCK HOLMES
Grem	ATTILA DER HUNNENKÖNIG
Krause	FRANKENSTEIN GEGEN DRACULA
Laviat	DIE FLUCHT AUS ALCATRAZ
Laviat	SPIEL MIT DEUTSCHEN Wörtern
	GRAMMATIK, WORTSCHATZ und LANDESKUNDE
Paulsen	ALBTRAUM IM ORIENT EXPRESS
Pichler	BONNIE UND CLYDE
Pichler	DER HAI
Pichler	TITANIC
Plank	FLUCHT AUS AUSCHWITZ
Schön	DAS MONSTER VON GALAPAGOS
Schön	DAS SCHIFF DER WIKINGER
See	WO IST DIE ARCHE NOAH?
See	DIE SCHATZSUCHE
Stevenson	DR. JEKILL UND MR. HYDE
Straßburg	TRISTAN UND ISOLDE

• VEREINFACHTE LESESTÜCKE •

Beltat	DAS AUGE DES DETEKTIVS
Beltat	DIE GESCHICHTE VON ANNE FRANK
Beltat	GESPENSTERGESCHICHTEN
Beltat	SIEGFRIED HELD DER NIBELUNGEN
Beltat	TILL EULENSPIEGEL
Berger	IN DER HAND SCHINDLERS
Brant	DAS NARRENSCHIFF
Brentano	RHEINMÄRCHEN
Busch	MAX UND MORITZ
Gaber	DAS MONSTER VON BERLIN
Goethe	FAUST
Grimmelshausen	SIMPLICIUS SIMPLICISSIMUS

Grund	DIE MUMIE
Grund	DRACULAS ZÄHNE
Heider	VERSCHWUNDEN IN OST-BERLIN
Herrig	DIE PRINZESSIN SISSI
Hoffmann	STRUWWELPETER
Kopetzky	DAS BERMUDADREIECK
Laviat	DER ABSTURZ ÜBER DEN ANDEN
Laviat	SPIEL MIT DEUTSCHEN Wörtern
	GRAMMATIK, WORTSCHATZ und LANDESKUNDE
Prantl	PEARL HARBOR
Raspe	BARON MÜNCHHAUSEN
Raupl	ROMMEL DER WÜSTENFUCHS
See	FLUCHT AUS SING-SING
Shelley	FRANKENSTEIN
Schneider	DIE SCHLACHT VON STALINGRAD
Schneider	EXODUS

• LEKTÜREN OHNE GRENZEN •

Esteri	HALLOWEEN
Fontane	EFFI BRIEST
Hassler	AMISTAD
Eschenbach	PARZIVAL
Hoffmann	DIE ELIXIERE DES TEUFELS
Kafka	DAS SCHLOSS
Kafka	DER PROZESS
Keller	ROMEO UND JULIA AUF DEM DORFE
Laviat	BEN HUR
Laviat	SPIEL MIT DEUTSCHEN Wörtern
	GRAMMATIK, WORTSCHATZ und LANDESKUNDE
Laviat	TIROLER SAGEN
Wagner	DER RING DES NIBELUNGEN

• VERBESSERE DEIN DEUTSCH •

Büchner	LEONCE UND LENA
Chamisso	PETER SCHLEMIHLS...
Eichendorff	Aus dem LEBEN eines TAUGENICHTS
Goethe	DAS MÄRCHEN
Goethe	DIE LEIDEN DES JUNGEN WERTHER
Grimm	AUSGEWÄHLTE MÄRCHEN
Grimm	DEUTSCHE SAGEN
Hauff	ZWERG NASE
Hoffmann	DER GOLDENE TOPF
Hoffmann	SPIELERGLÜCK
Kafka	DIE VERWANDLUNG
Kafka	IN DER STRAFKOLONIE
Keller	DIE DREI GERECHTEN KAMMACHER
Lessing	FABELN UND ERZÄHLUNGEN
Rilke	DIE LETZTEN
Schiller	WILHELM TELL
Schnitzler	DIE TOTEN SCHWEIGEN
Storm	IMMENSEE
Tieck	DER BLONDE ECKBERT...
Wedekind	DAS OPFERLAMM

• TASCHENBÜCHER •

Gotthelf	DIE SCHWARZE SPINNE
Heyse	L'ARRABBIATA...
Hoffmann	MÄRCHEN
Kleist	DIE MARQUISE VON O...
Lessing	EMILIA GALOTTI
Lessing	NATHAN DER WEISE
Stifter	BERGKRISTALL